글쓴이 **김산하** · 그린이 **김한민**

산하와 한민은 외교관이던 아버지를 따라 여러 나라에서 어린 시절을 보냈어요. 두 형제는 한국뿐만 아니라 일본, 스리랑카, 덴마크 등에서 자라면서 다양한 자연환경을 접할 수가 있었죠. 그 속에 사는 신기한 동물들을 보면서 형 산하는 동물 책 읽기를 좋아했고, 동생 한민은 동물들을 따라 그리기를 좋아했어요. 어릴 때의 모습이 그대로 이어져 지금 형은 서울대학교에서 박사 과정을 마치고 동물의 행동생태학을 연구하고 있고, 동생은 같은 대학에서 디자인을 공부한 후 그림책 작가로 활동하고 있죠. 「STOP!」 시리즈는 자연과 어린이가 만날 수 있도록 만들어진 책이에요. 형제는 주변에 있는 동물들에게 조금만 관심을 가지면 지니처럼 동물들의 이야기를 들을 수 있을 거라고 믿어요. 그러면 5권의 주제인 동물과 사람이 더불어 사는 방법도 자연스럽게 깨우치게 되겠죠.

STOP!
❺ 동물과 사람이 더불어 살기

1판 1쇄 펴냄 2008년 1월 18일, 1판 8쇄 펴냄 2022년 5월 19일
글쓴이 김산하 그린이 김한민 펴낸이 박상희 펴낸곳 (주)비룡소
출판등록 1994. 3. 17. (제16-849호) 주소 06027 서울시 강남구 도산대로1길 62 강남출판문화센터 4층
전화 영업 02)515-2000 팩스 02)515-2007 편집 02)3443-4318,9 홈페이지 www.bir.co.kr
제품명 어린이용 각양장 도서 제조자명 (주)비룡소 제조국명 대한민국 사용연령 3세 이상
ⓒ 김산하, 김한민 2008 Printed in Seoul, Korea.
ISBN 978-89-491-5188-5 74490/ 978-89-491-5183-0(세트)

* 이 책은 자원의 순환과 환경 보호에 기여하기 위해 재생종이와 콩기름 잉크를 써서 만들었습니다.
책 뒤표지에는 한국간행물윤리위원회가 인증하는 녹색출판 마크를 실었습니다.

스톱! 주문을 외치면 시작되는 동물들의 과학 토크쇼

STOP!

❺ 동물과 사람이 더불어 살기

김산하 글 · 김한민 그림

비룡소

등장인물 소개

지니

동물 모자를 즐겨 쓰는 우리의 주인공! 동물들과 이야기할 수 있는 신비한 능력이 있어요. 주의는 좀 산만하지만 상상력으로 가득 찬 호기심 소녀죠. 언제 상상의 세계로 빠져 동물들과 이야기하고 있을지 몰라요. 자신만의 깜짝 동물 토크쇼를 열어, 동물들을 초대해요.

엘리

늘 지니와 함께하는 친구예요. 평범한 뱀 인형처럼 보이지만, 사실 엘리는 메두사의 머리카락 뱀 중 하나였어요.

★★★ 지니의 신비한 능력 ★★★

하나!
딱 5분 동안 무엇이든 멈출 수 있어요! 물론 "STOP!"이라고 주문을 외치는 걸 잊으면 안 되겠죠?

둘!
생명이 깃든 것과는 뭐든지 같이 이야기할 수 있어요! 지니가 그러는데요, 곤충들은 알고 보면 참 수다쟁이래요.

셋!
지니는 상상의 세계에서 마음껏 뛰어놀 수 있어요. 지니에겐 평범한 세상도 이렇게나 재미있어 보인답니다.

지은이
미국 여름학교에서 지니와 같은 반에 다니는 친구예요. 겁이 좀 많아서 용감한 지니를 부러워하지요.

토크쇼 진행자
유명한 TV 동물 프로그램을 진행하는 아저씨예요. 지니에 대한 소문을 듣고 토크쇼에 초대하지요. 성격이 급해서 조금만 문제가 생기면 잠시도 가만히 있지 못해요.

엄마
아빠가 자주 여행을 떠나기 때문에 지니는 엄마와 단둘이 있을 때가 많아요. 엄마는 동물을 아주 좋아하지는 않지만 지니를 위해서라면 어디든 함께 간답니다.

 제1화 밤에 찾아오는 손님

방학을 맞아 지니는 미국에 있는 어린이 여름 학교에 한 달 동안 다니게 되었어요.
햇볕이 따스한 날, 지니는 간식을 먹으러 교실을 나왔지요.

지니는 운동장 옆에 있는 벤치에 앉았어요.
그런데 벤치 끝에도 한 아이가 앉아 있었어요.

지은이는 지니와 같은 반 친구예요.
그런데 지은이는 왠지 힘이 없어 보였어요.

"아니, 난 괜찮아. 그냥 잠을 좀 못 자서 그래. 우리 집에서 밤마다 이상한 소리가 들리거든. 부스럭부스럭 소리가 나는 게 꼭 유령이 있는 것 같아!" 지은이가 어깨를 움츠리며 말했어요.

집으로 돌아가는 내내 지니는 지은이 생각만 했어요. '내가 지은이를 도울 수 없을까? ……그래! 지은이네 집에 가서 소리의 정체를 밝혀내는 거야!'

집에 도착하자마자 지니는 엄마에게 달려가서 물었어요.
엄마는 웃으며 허락해 주었지요.

지니는 얼른 가방을 챙겼어요.
"칫솔, 잠옷, 일기장……. 이 정도면 되겠지?"

지은이네 집은 그리 멀지 않은 곳에 있었어요. 지은이는 한참 전부터 지니가 오기만을 기다리고 있었지요.

지니와 지은이는 말판 게임을 하며 재밌게 놀았어요.

지은이네 엄마가 구워 주는 파이도 맛있게 먹었지요.

이윽고 잠잘 시간이 되었어요. 둘은 침대에 누워서 함께 동화책을 읽었어요. 그러고는 그 소리가 들리기만을 기다렸지요.

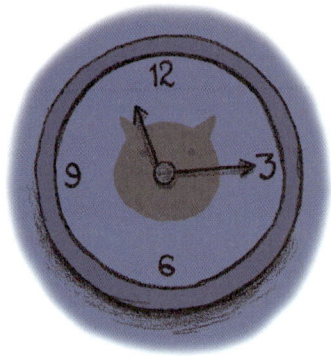 

밤은 깊어 갔어요. 지니는 스르르 눈이 감겼어요.
하지만 지은이는 무서워서 좀처럼 잠이 오지 않았어요.

조금 더 시간이 흘렀어요. 지은이도 어느새 콜콜 잠이 들었지요.
그런데 바로 그때……

"너무 어둡다."

"이제 잘 보이네."

"어? 몸이 다시 움직이네."

찰칵

"깜짝 놀랐잖아. 그런데 너희는 여기서 뭐해?"

"난 지니라고 해. 그리고 이쪽은……."

"너야말로 여기서 뭐하니? 여긴 우리 집이란 말이야! 네가 밤마다 이상한 소리를 내서 유령인 줄 알았잖아!"

아메리카너구리

아메리카 대륙에 사는 너구리예요. 물이 가까이 있는 숲에 살면서 주로 밤에 활동하지요. 너구리는 과일, 나무 열매, 곤충, 쥐, 개구리 등 가리지 않고 잘 먹어요. 그래서 도시에서도 잘 살아남을 수 있지요.

"나야 식사 좀 하러 왔지. 여긴 먹을 게 엄청 많거든! 빵, 채소, 과일, 과자, 고기 등등 없는 게 없어."

4:10

쓰레기통 속에 있던 음식을 먹어도 괜찮아?

웩, 더러워.

엄청 상한 것만 아니면 괜찮아. 물론 우리도 옛날에는 숲 속에서 살았어. 그때는 곤충을 잡아먹거나

개울가에서 물고기나 개구리를 잡아먹었지.

그런데 일일이 잡으려면 좀 귀찮잖아? 여기서 밥 먹는 게 훨씬 편해. 우리 가족이 사는 굴뚝은 겨울에도 정말 따뜻해.

아예 우리 집에서 살고 있단 말이야?

그럼! 나 말고도 이 집에 사는 동물이 얼마나 많은데! 따라와 봐.

13

"하지만 도시가 무조건 살기 좋은 것만은 아니야."

"응? 그건 또 무슨 얘기야?"

"도시에서 살려면 아주 조심해야 하는 게 하나 있어. 바로 전염병이지."

"맞아, 전염병!"

"그래! 특히 너구리들이 문제야. 너구리들은 한 곳에 똥을 모아서 누거든. 공중 화장실 같은 거지. 문제는 그 똥 속에 병균이 있다는 거야!"

천연 화장실
숲에 사는 너구리들은 나뭇가지 더미나 나무뿌리 위로 올라가서 똥을 눠요. 그러면 똥이 아래로 떨어지기 때문에 너구리 몸에 잘 묻지 않아요. 또 흙에 사는 미생물들이 똥을 금방 분해해 준답니다.

지저분한 도시 화장실
도시에 사는 너구리들은 지붕처럼 평평한 곳을 화장실로 써요. 그래서 똥이 몸에 잘 묻고, 또 똥이 잘 썩지도 않지요. 게다가 숲에서보다 훨씬 오밀조밀 모여 살기 때문에 서로 병을 옮길 염려도 커요.

도시 속 동물

도시에서도 동물들을 볼 수 있어요. 강아지나 고양이처럼 귀여운 애완동물뿐만 아니라, 바퀴 벌레나 시궁쥐처럼 반갑지 않은 동물들도 있지요. 도시가 커질수록 야생동물들의 보금자리는 사라질 수밖에 없어요. 그래서 동물들은 도시 속으로 들어와서 살게 되지요.

도시로 오세요!

사람들은 먹고 남은 음식 쓰레기를 거리에 내다 버려요. 이것이 동물들에게는 훌륭한 먹잇감이 되지요. 자연에서는 겨울에 먹이가 부족하지만 도시에서는 그렇지도 않아요. 게다가 사람들이 생활하는 집이나 건물 안은 겨울에도 따뜻해요. 천적도 적으니까 잡아먹힐 위험도 줄어들죠.

도사리고 있는 위험

하지만 도시가 무조건 살기 좋은 것만은 아니에요. 하수구나 쓰레기통처럼 지저분한 곳으로 다니다 보니 전염병에 걸리기도 쉽고, 상한 음식을 먹고 아플 수도 있어요. 사람에게 해를 끼치면 사람들이 덫을 놓기도 하지요. 사람 가까이에서 사는 동물은 이런 위험을 무릅써야 한답니다.

숲이 사라질수록 사람이 사는 곳과 동물이 사는 곳은 점점 가까워지고 있어요.
어떤 동물에게는 도시가 훨씬 살기 좋은 보금자리가 될 수 있어요.
하지만 어떤 동물에게는 살아남기 힘든 환경이 될 수도 있지요.

제2화 길 조심 동물 조심

다음 날 아침, 지니는 거북이를 데리고 집으로 돌아왔어요. 그러고는 엄마에게 호수에 가자고 부탁했어요. 거기에 거북이를 놔주고 싶었거든요.

그래 가자. 마침 나도 안 바쁘니까.

엄마와 지니는 차를 타고 출발했어요. 엄마는 그리 멀지 않은 곳에 호수가 있다고 알려 주었어요.

지니는 지나가면서 사슴이
그려진 표지판을 보았어요.
"저 표지판은 사슴이 갑자기
길에 나타날 수 있으니
조심하라는 뜻이란다."
엄마가 설명해 주었어요.

"여기가 좋겠다."
호숫가에 다다르자 엄마는
차를 세웠어요.

"물이 깨끗하지?
여기라면 네가 살기에도
좋을 거야."

지니는 거북이를 놓아주었어요.
그러자 거북이는 물속으로
천천히 헤엄쳐 들어갔어요.

그때 수풀 속에서 뭔가가
불쑥 튀어나왔어요.

STOP!!

STOP!

끼이이익!

응? 지니 목소리였는데?

?!!!

괜찮아요? 어디 다친 데는 없어요?

3:23

길을 왜 건너려고 해요?

숲을 그대로 놔두면 굳이 다른 곳으로 갈 필요는 없어. 그 안에서 모든 걸 할 수 있으니까.

그런데 사람들이 길을 내면서 숲이 조각조각 난 거야.

그럼 길을 안 건너면 되잖아요?

말코손바닥사슴들은 번식기가 되면 짝을 찾아 돌아다녀야 해. 가만히 있다간 짝짓기를 못하게 된다고.

늑대나 살쾡이처럼 다른 동물을 잡아먹는 동물은 충분히 배를 채우려면, 그만큼 더 넓은 지역을 돌아다녀야 해.

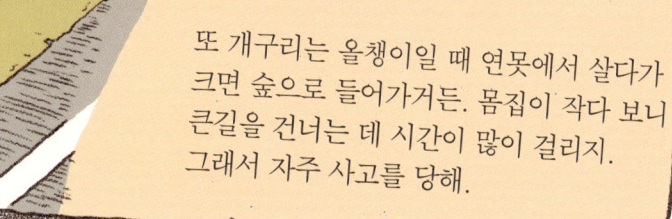
또 개구리는 올챙이일 때 연못에서 살다가 크면 숲으로 들어가거든. 몸집이 작다 보니 큰길을 건너는 데 시간이 많이 걸리지. 그래서 자주 사고를 당해.

앗! 고슴도치 씨, 위험해요!

고슴도치가 길을 건너려는 모양이군.

고슴도치는 낯선 곳을 경계하기 때문에 길을 잘 건너지 못해요. 길가에서 머뭇머뭇거리다가 자동차에 치이는 경우가 많아요.

이, 이상해요. 조금만 가다 보면 항상 이 길을 만나게 돼요. 어떡해야 좋을지 모르겠어요.

나도 길이 싫어요!

너무 멀어!

날다람쥐는 나무 사이를 펄쩍 뛰어서 건너요. 하지만 길 건너편에 있는 나무까지 닿기는 힘들어요.

내가 옮겨 줄 테니까 다음부터는 조심해야 해.

고마워요.

그런데 어떤 동물들은 저 길이 좋은가 봐요.
밤이 되면 뱀이랑 작은 새들이 모이더라고요.
거기가 따뜻하다나요?

길은 낮 동안 햇볕을 받아 밤까지도 열이 잘 식지 않아요.

따뜻해서 길 주변에 모인 동물들은 사고를 당하기 쉽지요.

어디 그뿐인가? 겨울철이면 길에 쌓인 눈을 녹이려고 소금을 뿌린단다. 그걸 먹다가 사고를 당하는 사슴도 많아!

동물들은 살아가는 데 소금이 꼭 필요해요. 자연 상태에서는 바위를 핥아서 소금을 얻지요.

세상에, 그렇다고 길에 있으면 어떡해.

됐다! 이제 시동이 걸려!

아까 표지판을 봤는데 그것도 소용없나요?

쳇, 그걸 보고 속도를 줄이는 사람이 있어야 말이지!

이제 갈 시간이야!

지니야 이제 그만 돌아가자. 다들 우리를 쳐다보고 있어.

사슴 아저씨, 안녕히 가세요!

고슴도치도 길 조심하고!

동물이 살던 곳이 조각나요
사람들이 길을 만들다 보면 넓은 숲이 조각나요. 숲이 작은 조각으로 나뉘어 있으면 동물들이 살기 어려워요. 먹이를 찾거나 짝을 찾으려면 더 넓은 곳이 필요한데 말이에요.

사람도 동물도 길 조심
길을 건너다가 자동차 사고를 당하는 동물이 아주 많아요. 동물들은 그렇게 빠른 것에 익숙하지 않거든요. 날아가는 새도 자동차를 보지 못하고 부딪히는 경우가 많답니다.

사람이 지나간 자연
넓은 숲에 비해 길은 아주 좁아요. 하지만 아무리 좁은 길이라도 일단 사람들이 지나가게 되면 숲은 큰 영향을 받아요. 많은 동물들이 잡아먹히지도, 병들지도 않았는데 목숨을 잃고 말지요. 사람이 지나간 자연은 예전과 똑같을 수 없어요.

동물에게 사람은 익숙하지 않아요. 사람들이 만들어 낸 새로운 위협에도
익숙하지 않지요. 오랫동안 자연에서 살던 동물이 사람들과 사는 것은 어렵습니다.
사람들이 별생각 없이 한 행동도 동물에게는 엄청난 영향을 끼칠 수 있답니다.

제3화 지니, 텔레비전에 나오다

기나긴 하루였어요. 엄마와 지니는 집에 돌아와 저녁밥을 먹었어요.
"아깐 정말 큰일이라도 난 줄 알았어. 경찰 아저씨까지 오고."

다음 뉴스입니다.

바로 그때, 텔레비전에 깜짝 놀랄 만한 뉴스가 나왔어요!

여러분은 사람과 동물이 이야기를 나눌 수 있다고 생각하십니까?

오늘 오후 3시경, ○○ 호수 길옆에서 동물과 얘기하는 소녀를 보았다는 제보가 들어와 화제가 되고 있습니다.

이것이 바로 당시 지나가던 시민이 찍은 영상입니다. 한 소녀가 고슴도치를 안고, 말코손바닥사슴과 이야기하는 것처럼 보이지 않습니까?

세상에, 텔레비전에 지니가 나온 거예요!
지니와 엄마는 너무 놀라 아무 말도 못했어요.

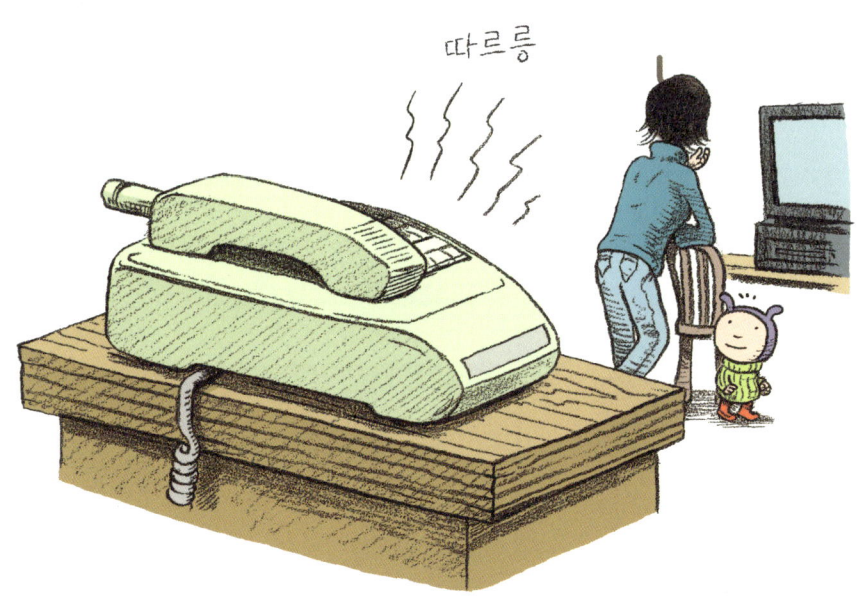

그때 마침 전화벨이 울렸어요.
"지니야, 전화 좀 받아 줄래?" 지니는 얼른 달려가서 전화를 받았어요.

전화를 건 사람은 「TV 동물쇼」를 만드는 아저씨였어요.
뉴스를 보고 수소문한 끝에 전화를 했다는 거예요.

굉장한 일이죠? 지니가 정말 텔레비전에 출연하게 된 거예요!

눈이 부셔서 그러는구나.

그게 아니고 너무 뜨거워. 난 뜨거운 건 정말 못 견디겠어. 주인 아주머니가 어디 갈 동안에 나 혼자 차에 남겨 두는 경우가 많거든. 그러면 햇볕 때문에 차 안이 아주 뜨거워져.

여름날 차 안은 찜통
여름날 차 안의 온도는 무척 뜨거워요. 온도가 50도 이상 올라갈 수 있어요.

차 안이 뜨거워지면 정말 힘들겠다.

개들은 피부에 땀샘이 없어서 땀을 못 흘려. 대신 이렇게 혀를 내놓고 헥헥 하면서 몸을 식히지. 그런데 공기가 너무 뜨거우면 어떻게 해도 몸이 식질 않아!

사람은 땀을 흘려요
피부에 땀샘이 있기 때문이죠. 더우면 땀샘에서 땀이 나와요.

고양이, 햄스터, 거북이, 앵무새 그리고 각 동물의 주인도 함께 모십니다! 우선 고양이 얘기부터 들어 볼까요? 주인 되시는 분 혹시 자기 고양이한테 궁금했던 게 있나요?

우리 하늘이는 뭐든지 다 긁어요! 집 전체에 하늘이가 할퀸 자국투성이예요. 왜 그런지 좀 물어봐 줘요.

하늘아, 왜 막 할퀴고 그랬니?

. . . . .

원래 고양이들은 발톱을 날카롭게 갈아 둬. 또 할퀸 자국은 내 영역 표시이기도 하지. 하지만 무엇보다도 뭔가를 긁으면 왠지 기분이 좋아지더라고.

그럼 아예 긁을 곳을 따로 만들어 주면 되겠구나.

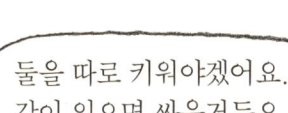

0:53

어디 갔지?

거기서 뭐 하세요?

저기…… 내 거북이가 없어졌어. 좀…… 찾아 줄래?

알았어요! 거북아 어디 있니?

따뜻한 곳이 좋아요
거북이의 뼈와 근육이 단단해지려면 햇빛이 꼭 필요해요. 그래서 수조에서 거북이를 키울 때는 물 밖으로 나와서 햇볕을 쬘 수 있는 공간을 마련해 주어야 해요.

앗, 저기 있다!

하 하 하 하 하

날 찾았니? 불빛이 따뜻해서 나들이 좀 나와 봤지.

애완동물들은 기쁠 때나 슬플 때나 늘 우리 곁에 있어 주어요.
동물들이 우리와 함께 살아서 편한 점도 있지만 불편한 점도 있습니다.
동물들은 저마다 자연에서 살던 방식이 있기 때문이죠.
조금만 관심을 기울이면 사람도 동물도 더욱 행복해지지 않을까요?

촬영이 끝나고 집에 돌아갈 시간이 되었어요.
엄마가 말했어요. "지니 오늘 너무 잘했어. 이제 집에 가자."

그런데 언니, 오빠들이 와서
지니에게 말을 걸었어요.
"지니, 사인 한 장만 해 줄래?"

"응, 그냥 이름을 쓰면 돼. 지니를 만난 기념으로 간직하려는 거란다."
엄마가 설명해 주었어요.

지니는 종이에 이름을 쓰고 그림을 그렸어요.
그러고는 글쎄 종이를 반으로 쭉 찢는 게 아니겠어요?

지니가 싱긋 웃으며 말했지요.
"아뇨, 이 그림은 강아지 거예요. 강아지도 사인 한 장 해 달랬거든요!"

나의 희망 지니에게.

아빠는 가끔가다 사람들이 사는 도시가 정말 새롭게 느껴진단다. 늘 산을 타고, 들판을 달리고, 숲을 탐험해서일까? 딱딱한 콘크리트 바닥과 높은 건물들, 쌩쌩 달리는 자동차를 보면 전혀 다른 세계에 발을 들여놓은 것 같아서 정신이 번쩍 들곤 해.

물론 도시가 생기 없다는 말은 아니야. 워낙 많은 사람들이 모여 사니까. 그런데 가만히 주변을 살펴보잖아? 그러면 이곳이 사람들만 사는 곳이 아니란 걸 알 수가 있지! 사람이 잘 찾지 않는 곳은 금방 다른 동물들의 집이 돼. 굴뚝, 다락방, 지하실 어디든 말이야. 수풀이 조금이라도 남은 곳은 참새 같은 작은 동물들의 보금자리가 되지. 게다가 집 안에서 키우는 애완동물들까지 생각해 보렴. 콘크리트로 덮인 길 틈새로 고개를 내미는 풀 한 포기까지……. 우린 이렇게 많은 이웃들과 함께 살고 있는 거란다. 갑자기 지니가 너무 보고 싶어지는구나. 아빠가 하루빨리 가도록 할게. 우리 지니의 곁으로!

- 사랑하는 아빠로부터

TO: 지니에게
KOREA

동물들의 위험한 길 건너기

길을 건너려다 죽는 동물들이 먼 나라 일이라고 생각하나요? 우리나라에서도 많은 동물들이 자동차에 치여 목숨을 잃고 있답니다. 서울대학교 최태영 연구원은 일 년 반 동안 지리산 국립 공원 주변에 있는 길에서 얼마나 많은 동물들이 죽는지 조사해 보았어요. 결과는 끔찍했지요.

일 년 반 동안 3,000마리에 가까운 동물들이 자동차에 부딪혀 죽고 말았어요. 그중에서도 가장 많이 죽은 동물은 두꺼비였지요. 두꺼비는 길옆에 있는 턱이 너무 높아서 한번 길 안에 들어오면 잘 빠져나가지 못하거든요. 꿩이나 너구리, 능구렁이 등도 200~300마리씩 목숨을 잃었지요. 뿐만 아니라 삵쾡이와 소쩍새 같은 천연기념물도 교통 사고를 당해요. 새끼 삵쾡이는 어미와 함께 살다가 다 자라면 혼자 살 곳을 찾아요. 그때 길을 많이 건너면서 목숨을 잃고 말지요. 소쩍새는 여름이면 우리나라를 찾는 철새예요. 그래서 5~7월에 주로 사고를 당하지요. 조금만 속도를 줄이고 주의를 기울이면 소중한 동물들의 목숨을 살릴 수 있다는 걸 꼭 기억해 주세요.

우리 친구들,
앞으로도 「깜짝 동물 토크쇼」를 많이 사랑해 주세요!

작가의 말
여기 할 말 많은 동물들이 있다.

열심히 제 갈 길을 가는 개미, 정신없이 짹짹거리는 새들, 전봇대마다 킁킁 냄새를 맡는 강아지, 다 저마다의 이유가 있습니다. 평범한 이들의 눈에는 동물들이 그저 단순해 보일지도 모르죠. 하지만 그들의 목소리를 들을 줄 아는 사람에겐, 어딜 가더라도 왁자지껄 북적북적 소란스럽기 짝이 없습니다.

작은 생명체 하나라도 풀어낼 얘깃거리가 많습니다. 우리가 말을 걸 수 있다면 어떨까요? 하루하루 먹잇감을 구하기가 어렵다고 투덜대거나, 짝을 못 만난 속사정을 털어놓는 재미있는 상상을 해 봅니다. 특히 지구의 구석구석까지 조금씩 집어삼키고 있는 우리 인간에게 하고픈 말이 유난히 많을지 모릅니다.

모든 동물들에게 말할 기회를 주고 싶었습니다. 우리가 일방적으로 이해했던 그들의 입장을 스스로 설명할 수 있도록 말이지요. 그래서 순수한 지니의 눈을 통해 동물의 세계로 발을 들여놓는 순간, 다양한 모양의 입이 열리고 온갖 종류의 목소리가 들려왔습니다. 동물들을 통해서 우리가 미처 알지 못했던 또 다른 자연을 만나고 이해할 수 있었습니다.

안타깝게도 동물을 소재로 한 어린이 과학만화 중 많은 책들이 몇 가지 신기한 특성을 늘어놓는 데 그치거나, 비전문가에 의해 만들어지고 있습니다. 동물을 징그럽게 묘사하거나 인간이 맞서 싸워야 할 대결 상대로 왜곡시키는 경우도 있죠.

아이들은 대부분 가장 좋아하는 동물을 통해 자연과 환경에 관심을 가지기 시작합니다. 따라서 자연과 처음 만나기 시작하는 어린이들에게 과학적으로 검증되고 올바르게 전달하는 창을 열어 주는 것이 아주 중요하다고 생각합니다.

저는 어렸을 때부터 항상 꿈꾸던 동물 행동학자가 되기 위해 꾸준히 동물 공부를 해 왔습니다. 지금은 영장류를 연구하고 있으며, 한국에서 최초로 영장류의 서식지인 열대 우림을 직접 찾아 열심히 연구를 하고 있습니다.

「STOP!」 시리즈의 모든 동물학적 내용은 이미 발표된 학문적 성과에 근거하여 만들어졌습니다. 동물에 대한 애정과 관심을 바탕으로 하되, 과학적 진정성과 '생명의 이야기'에 대한 사랑을 가지고 아이들에게 다가가고자 했습니다.

이제 모든 아이들의 귀에 동물들의 이야기가 들리기를 기대해 봅니다.

자, 그럼 지금부터 스톱!

「STOP!」 만화로 배우는 동물 과학 그림책

동물들이 말을 할 수 있다면 얼마나 좋을까요? 동물들에게 궁금한 걸 직접 물어볼 수 있을 테니까요. 우리의 주인공 지니는 바로 그런 특별한 능력이 있어요. 지니가 "스톱!" 하고 외치는 순간 뻐꾸기가 왜 다른 새의 둥지에 알을 낳는지, 개미가 왜 진딧물을 도와주는지, 비비원숭이의 엉덩이는 왜 빨간지 동물들이 스스로 이야기해 주기 시작한답니다.

이처럼 「STOP!」 시리즈는 동물의 행동과 생태에 관해서 꼭 알아야 할 주제만을 골라 동물들에게 직접 설명을 듣고, 더 나아가 자연과 환경에 대해서도 생각하게 만드는 책이에요. 이 책을 읽다 보면 동물들과 자연환경에 대한 정보와 지식을 누구보다 많이 알 수 있어요. 뿐만 아니라 자연과 사람의 관계, 사람과 동물의 서로 다른 입장을 이해하는 균형 잡힌 생각도 가질 수 있어요.

「STOP!」 시리즈는 총 9권으로 구성되어 있습니다. 1~5권에서는 동물들이 살아가는 방식을 다룹니다. 1권 『동물들이 함께 사는 법(공생과 기생)』, 2권 『동물들의 가족 만들기(짝짓기와 생식)』, 3권 『동물들이 이야기하는 법(신호와 의사소통)』, 4권 『동물들의 먹이 사냥(먹이 사슬)』, 5권 『동물과 더불어 살기(동물 이웃)』로 나누어져 있어요. 6~9권에서는 환경 문제가 동물들에게 어떤 영향을 주는지 알아봅니다. 6권 『환경을 살리는 건강한 먹을거리(식량 생산이 생태계에 미치는 영향)』, 7권 『사라지는 열대 우림 구하기(생활용품과 밀림의 관계)』, 8권 『더워지는 지구 지키기(지구 온난화)』, 9권 『세계 환경 회의와 동물 대표(환경 보호)』로 나누어져 있어요.

이 시리즈를 읽으면 동물들이 왜 특이한 행동을 하고, 환경의 파괴로 얼마나 고생하고 있는지 알 수 있습니다. 이제부터 집 뒤뜰의 뻐꾸기 둥지에서부터 남아메리카 아마존의 울창한 열대 우림까지, 전 세계 구석구석으로 신나는 동물 탐험을 떠나 볼까요?